Dátiles de tierra y sal

la orilla donde está
sembrada mi alma

ángela suazo

ISBN: 978-9945-18-116-6
Cuidado de edición: María Carla Picón
Diagramación: Hermis Rodríguez Botier
Diseño de portada: Mich Del Villar
Fotografía de autora: Eurys Ricardo
Impresión: Editora Búho
Impreso y hecho en República Dominicana

DiEditores

A Mario y Alexa, que me saben feliz cuando escribo.

A los ecos que me adornan el camino.

A ti y a la paz que me das, mis versos.

Aún si digo sol y luna y estrella me refiero a cosas
que me suceden. ¿Y qué deseaba yo? Deseaba
un silencio perfecto. Por eso hablo.

Alejandra Pizarnik

cosechando dátiles de sal

sembrada y de pie,
en las arenas del vendaval,
cuando llegó la primavera
y los jardines colgaron en la puerta
un letrero de prohibido jugar.

a mí, como a ella, se me templó el mar.
se me secaron las olas
de no más irnos y venirnos
sin parar.

yo también tengo una exuberante corona
que brota de mi centro y se parte en mil rayos,
como dedos buscando el sol.

y sueño con doblarme
y beber del mar
               la fuerza
                    y la sal.

jardín de caracolas secas.
ella, yerta como yo,
arrullando el sueño del que huye,
rompiendo la tormenta,
en espera de un tiempo distinto
a la desidia de esta orilla.

a mí también se me ha abierto la tierra,
desnudando hasta el hueso
las raíces y los miedos.

se me han teñido de arrugas
el tronco y los sueños.

alzo mis brazos
mirando al ojo el huracán,
despidiendo un tiempo de guerra.

yo soy palmera,
como ella.

a la orilla del Caribe

me senté a sus pies, me perdí en su estela
y
confesó.

se declaró culpable.
admitió que sembró la irreverencia en tus ojos,
y te cambió el horizonte por norte.
que en cada embate
batió con su espuma tus cielos,
que se abrazó a un costado de tu razón.

reconoció, con un dejo de brillo en sus olas,
que se emborrachó con tus vienes sin vas.
que lo más inocente de tu cuerpo permanece
atado entre sus algas,
que te ancló a su tierra.

en su defensa, alegó
que sonreíste al saberte enterrado
en sus crujientes corales
cuando descubriste en su lecho
un espacio con tu nombre.

aunque no lo creas, aceptó gustoso la condena.
dijo que, si muere a tus pies para darte vida,
volará contigo allá donde lo lleves.

rompió a mis pies y confesó
lo que ya sabía:
que en su arena quedó tu estrella,
enterrada, pero viva.

bolero de sol

un oasis que taló sus palmeras.
desierto pletórico de flores,
vestido de acampadas.
un mar de arena, bordadas de sal sus perlas.
soledad que grita paz,
un sí eterno, inmerecido.
un no imperfecto,
bailándole lento por dentro
canción sin bis
llora la brisa.
paloma en silencio.
bandera al vuelo.

a los pies de la vereda

no soy
ni el camino ni el destino,
quizás derrotero
trecho abierto y dispuesto.
disfrazado en silencio,
reflexivo, temeroso.
soy el escalón, el puente y el río.
pisada sin estampa.

ni senda inhabitada ni bosque talado.
ni tierra seca.

arroyo que se cuela. piedra que el agua pule.
sol que se filtra, hoja que cae,
miedo reverberando en el suelo.

yo soy calzada.
yo soy vereda.
yo soy montaña.
soy el trayecto.
soy solo vida, con tres hojas
y por suerte,
tu sonrisa.

mar

mar,
manta azul, trémula,
abrigo de vida y muerte.

el mar,
vivo, parido de sol,
canto de sacrificios,
vientre de promesas.

este mar,
remonta infinito,
cuna de dioses,
me invita a volar.

mi mar,
principio y final.

lot

siento la sal de la mujer de Lot
en mis pies,
yéndome y dándome vuelta a la vez,
cantando lo que canto cuando juego a cantar,
volando de espaldas al camino.
el regreso oculto,
en cada paso mudo que no logro dar,
siento la sal.

mis pasos en tu orilla

¿dónde juegan los sueños,
sino en la arena?
¿dónde se bañan los míos,
sino en tu mar?
¿dónde se entierran mis pasos,
sino en tu orilla?
¿dónde se acuna la ternura,
sino en tus dedos?
¿dónde, sino en tus olas,
retozando con el viento,
se han llenado mis ojos
de pesadillas?

bahía

esa noche
la playa era una forma de sentimiento,
pacífica rabia deshaciéndose contra la melancolía,
pujar de las mareas que paría más rabia.
arrullada en una ribera teñida de noche,
ola bordada de blancos indultos,
el frío de la arena en aquella madrugada,
salado rocío que me bautizaba el mal.

más rabia.

esa noche,
un caracol brindaba conmigo,
tequila envuelto en sal,
nostalgia hipocondríaca, quizás.
una soledad asintomática, dirán,
quienes a la luz de la luna
me vieron bailar.

esa noche descubrí,
que algunas olas, aunque te rompan,
anuncian libertad.

luna llena

se me llenó la luna entre las manos,
su luz anegó mis ojos,
me arrastraba sobre el mar
dejándome besar
el frío que su profundidad esconde.

el salitre, húmedo y frío,
me hablaba del calor de un camino perdido.

se me llenó la luna,
me cambió las mareas
y heló mis dunas.

se me llenó la luna,
preludio de esta oscuridad.

tamaño de tu ausencia

he tomado
las medidas de tu silencio
y
me queda grande.
tu silencio no me calza.
me queda grande en las mañanas
cuando el gallo no encuentra eco.
me pisa durante el día.
durante la noche me abraza
fuerte
y me jura
que mañana morirá.

hasta las cinco en primera persona

yo,
a las doce, cuando ni *la cenicienta* me hace dormir.
a la una, si después de rotos los hechizos
la brisa me despeina las tristezas.
o a las dos, cuando se me desamarran las palomas.
a las tres, cuando se allanan las montañas,
o las cuatro, la hora en que se me desnudan los temores.

yo, que a las cinco,
de un solo grito te digo:
«¡deja de morderme los quietos del día!
dame paz, sin que la pida».

yo, tejedora de vigilias.

el insomnio
único amante que no falla
                              nunca.

paraíso

mis ánforas exhalaron dos mundos,
inhalo,
caras de un planeta habitable, magnético y sin eje.
exhalo
tres lunas y cuatros estrellas,
con seis días en la mañana
y mil noches después del atardecer.
con su fauna y su flora,
su día de descanso y su paraíso.
inhalo.
una galaxia en rotación.

suspiro fantasmas, vida.
una serpiente y su manzana,
y tú, besándome.

ven

si me dices «voy», con gusto esperaría.
pero ni dices que vienes, ni me gusta esperar.

si me dices «voy»,
me hago un sitio en el banco
y ayudo a Penélope a tejer.
el tiempo, los sueños y una manta para dormir.
tiro la red y el ancla.
me apunto en el rosario de la parroquia de la esquina
y comienzo a ser feliz desde las tres.

marcaría mis silencios
en todos los calendarios,
desde el azteca hasta el romano.

el eje de mi tierra daría dos vueltas,
enterraría sus noches en Alaska
y los días en el Sáhara.

si me dices «voy»,
aunque no haya banco en la orilla,
ni andén en mi vía,
y odie tejer,
        esperaría.

sueño melocotón

quién no pecaría en ese manto,
indulgente y exuberante.
ella, refinada,
llega con elegantes pasos,
hincada de puntillas,
se bebe de un sorbo
el tinte de otoño
que en tu orilla se deshoja.

quién no cediera a la tentación sin ruido,
quién no se colaría sin espanto,
transparente y flotante,
quién no buscaría, como busco yo,
perderme en el brillo que escapa de tus ojos.

quién no besaría esa flor de melocotón,
sonriéndole dulce al amor.

milésima parte

estoy como la tierra,
girándome,
grávidamente atada a mi centro,
cursando pasos que acumulan meses,
ciclos y estaciones.

contando siglos. negando ayeres.
aguas que se inundan de ganas,
desiertos secándome la piel.

globo deforme, círculo de polos planos,
gritando desde el alma, picos y llanos.
hilo que me parte y que me ata.
por debajo de mi cintura guardo fuego,
terreno, patria, de mi palma el suelo.

por encima del cielo, inmensidad.
a veces plomiza,
otras, turquesa.

por encima del cielo,
de sueños, una cordillera.

raíces de terror

me desperté y quise correr,
se me había enraizado el cielo
en la cueva de los miedos.
sed que olfateaba la sequía,
besaba sumisa las espinas,
y a simple vista ignoraba la salida.
frío sin telar,
noche sin mantel de rayos en el suelo.

resguardada en el silencio de mis pulsaciones,
bailando con la sombra de mis pasos.
al amparo de los pies
de un volcán llamado ilusión,
palpo el cráter con un beso
que no me atrevo a dar.
cuando amenaza el humo
y el viento asoma,
cuando aunque hunda
en tu lava mis pasos
intento andar.

futuro en contienda

indetenible,
se ha colado entre mis piedras,
la sombra de mis burbujas
se ha inundado.
pluma de cera blanca al viento,
pidiéndole en secreto a mi orilla
que le permita quedarse.

se ha colado,
pidiendo a mi cauce, ritmo,
a mi lecho, cama,
a cualquier surco, cobijo.

canto del rocío incontenible,
que, aunque sigue su camino,
deja conmigo su frío.

posición anterior

deja de buscar mi orilla.
de besar mi arena, insistente,
impaciente.
deja de rugir buscando mi piel,
de ladrar para ahuyentarme
del sepulcro las sombras.

no te alejes, rencoroso,
vengativo,
amenazando con volver.

no dejes a mis pies regalos muertos
y mensajes sin responder.
no dejes a mis pies
un almíbar de pétalos blancos,
los huesos de un recuerdo.

no me tientes más,
que no sé nadar, ni en tu cuerpo,
ni en tu amor, ni en tu mar.

siempre florece en primavera

hoy volvió a filtrarse la vida
por las ventanas,
a colarse el calor en mis mejillas.
volvió la risa a hacerse hueco entre los setos
y la música del vecino
a quemar el invierno.

volvió a llenarse de pisadas
el eco que a mi soledad atormentaba
y las palomas
a ensuciar mi ventanal.
se volvió a escuchar mi palpitar,
bailé otra vez frente al espejo,
quebré a coros mi garganta,
dejé de atizar la hoguera
para exigirle calor.

volví a juntar canicas de pasión
para invitarte a jugar.

volví a despertar.

aletéame

pósate en mis sueños,
aletéame ilusiones y calor.
vuélame la razón,
recórreme libre,
detente un minuto en mí.
cuando te dé por zumbar,
sáltate las formalidades,
contágiame la risa sin permiso.
acurrúcame el sueño y el miedo.
aletéame,
volaré contigo.

y si me das permiso,
me posaré en tus sueños.

azar

permitido soplar:
 «deshoja, ventusca, la llave del incierto»,
dijeron.
tembló el valor y el fuego.
confieso que tuve miedo de pedirte por deseo.
de contar en un suspiro, ritual sin luna llena,
vilano al viento, que te quiero.

tuve miedo de pedirte,
un todo compartido,
paracaídas sin abismo. salto sin vacío.
tuve miedo
                pero me ganó el deseo
y soplé.

es suficiente

con que sigamos siendo
así
me basta.
que siga siendo domingo de invierno
y se sirvan dos tazas de café,
que siga siendo verano
y un tibio naranja me cobije las certezas.

con que sigas
acompasándome los pasos
con tu mano en mi cintura.
con tus conejos y sombreros,
armándome a burbujas la risa,
secándome a sonrisas las lágrimas,
as de corazón.

con que sigamos siendo
así
me basta.

orquídea

un jardín que me florece,
imparable como la vida;
un pétalo tras otro,
como el futuro.

tregua

hay un suspiro oculto
en el eco de esa montaña.
sembradas entre rocas
las raíces de un «quédate».
desbordando el arroyo, un «déjame».

un sismo en cada beso,
y un adiós de arcilla
que se deshace en mis manos.

un grito anaranjándose de otoño

me suenas por dentro.
arrastrándote, sutil y sin fuerza,
marcas tu cauce,
me bañas las rocas,
esas a las que un día
les contaron hasta tres
y las dieron por muertas.

un grito anaranjándose de otoño,
curándome el silencio
que acoge mis miedos,
entre las ramas y un tronco suelto,
dejando colar un puñado de desvelos.

en los ojos, magia de niebla.
y en la piel, la promesa
de que a la orilla de una sonrisa
se deshojan margaritas nuevas.

anzuelo

si me acompañas a pescar atardeceres,
tiendo
sobre tu cama
mis redes.

acepto besos por carnada.

en la noche de mi tinta

huyo en una ola de viento
intentando dejar sobre la tierra
mi aliento.
virutas a fuego torneadas,
remando sobre el papel.

escondidos,
en la noche de mi tinta,
sus silencios.

el trayecto polvoriento
entre el que teme y el que siente.
la paz de la que se resguarda el águila,
revoloteando en mi mano,
hasta deshacerse en llanto.

en el umbral

me bordan un silencio de insomnios
un par de líneas escondidas en el filo
de una telaraña
de la que intento escapar.

cruzando con miedo el umbral,
pido a mis musas, refuerzo.
sobre las aguas que me ciegan
tejo un puente.
un «hasta luego» mudo,
un «vuelve pronto» en clave,
un «no te olvido»
con humo y paloma incluidos.

huyo de las letras
que me tiñen con su asalto
el mapa y la sequía.
copla, quintilla o soneto.
dos poemas guardo
para cuando me encuentre presa.
uno dice «ven».
el otro, «te quiero».

bajo agua

me sigues lloviendo.
me llueves a cántaros.
me llueves con sed. con miedo, con rabia.
me llueves como quien anhelaba la sequía y aún caía.
me bordas gotas.
llueve.
me llueves.

no perdí nada cuando te perdí

quizás el pánico que me asaltó
cuando del fuego de tus «te quiero»
salté en puntillas.
cuando por miedo a sus espinas
deje sin azahares mi limonero.
y abracé quimeras en vela.

cuando tendí sobre la cama
todas mis murallas
y deshice a versos mi laberinto
para que un día me pudieras encontrar.

perdí más
cuando supe
que nunca te daría por perdido.

he contemplado mi destino

como quien ve llover por horas,
el dolor del olor sobre el cemento.
el vapor que lloran las paredes calientes.
grito que ciega
cualquier intento de verano.

cristal plomizo.
cada vez más frío, cada vez más yerto
tan descrito en los libros. tan incierto,
deslizándose en mi rostro,
haciéndome parir.

penas aposadas, lodo, rastros y restos.
charco y hojas secas. viento.

herida expuesta.
pasando ante mis ojos
mientras veo llover.

solo tengo esta voz

quise caminarte descalza,
sin temor a cortarme
con los restos de historia
que te astillan la piel.

quise ser valiente.
ser sirena de todas tus leyendas,
pero canté.
quise acunar tus heridas
con palabras de amor,
pero solo tengo una voz
que sale de mí mordiendo.

quise inventarte historias
que intentan no rezarle el duelo
a este final,
pero no sé escribir.

despertares

si permanezco despierta,
despierta conmigo la vida.
despierta el sol, el calor
que lo calma y me quema.

la luna,
con su luz, sus ciclos
y su mirada de fuerza.

la tierra,
el mar y la arena.

despierta conmigo
la vida.
me lleva con ella.

bosque

galopé sobre las rocas,
cada paso me anunciaba
el destino que besó mi cuenca.

me levanto
y mi hálito llena de frío todos los aires.
me hundo en mí y encuentro
un verde desperdigado,
un miedo espeso.

me llevo tus hojas
como recuerdo
cuando con mis sobras tus raíces alimento;
cuando tus ramas acarician mi espalda.

voy galopando y vuelo
cuando en tu cauce
encuentro el cielo.

magia

no creo en imposibles.
como el colmo de querer
que me sorprenda la nieve en el Caribe,
un pantano en el desierto,
o un domingo en tu cama.

imposibles como el comunismo,
como una verdad que no lastime,
como un odio que no duela,
o el derroche de un «te amo» al despertar.

como doblar ocho veces un papel,
tocarme la nariz con la lengua,
contar las hebras de mi pelo,
o la resaca de tu cuerpo.

tan imposibles como la forma de felicidad,
que borda el espacio de cielo que habitamos
cuando en tus ojos me veo.
como una luna cuadrada,
como un beso sin filo,
como un abrazo sin el veneno
del deseo entre las garras.

tan imposible
como la magia de creer en imposibles.
sin hechizo ni conjuro,
sin conejo y sin sombrero,
tú, mío.

yo no estoy

están esos que cantan «vive»,
con el corazón parqueado a la derecha,
que dicen saber jugar
desde una sombra en las gradas.
los herejes que te ordenan «cree»,
los que gritan «¡salta!» enterrados a la vera,
los que fuman la paz mientras te clavan un puñal.

están esos y están los otros.

los que deciden «cuándo» sin mirar el reloj,
se levantan sin pies que los sostengan,
nadan sin mar,
saltan de memoria cuando el dolor los frena.

están los que entrecruzan sus raíces con las tuyas,
para beber el futuro juntos
y crecerse dentro.

están los que viven y los que son amados
por la vida.

la tarde del nunca

de la vida que no vivimos, lo que más extraño
son las tardes de otoño en tu balcón.

«siempre, siempre», pensé.
y cuando digo «siempre»
me refiero a ahora mismo,

                 que los atardeceres
                 (si son de otoño
                 en tu balcón) son mejores.

pero nunca tienes tiempo a las seis,
el ocaso te visita, se deja caer sobre el sillón,
espera y se desvanece.

no estás con mi mano entre tus sueños,
pidiéndome que me quede.
y yo me quedaría,
«siempre, siempre», pensé que me quedaría.

«siempre», menos hoy,
que sé que no vas a pedirlo.

tiras de cielo

se abrieron
los nudos de mi corazón.
atados entre sus raíces encontré
pedazos de tus besos,
tiras de cielo,
y un encaje tejido de miedos

se abrieron todos los nudos
y de mi suelo
escaparon como balas
los tifones de lágrimas
que tu gélida mirada
sembró.

cuarenta noches bajo la lluvia

me has pisado de puntillas.
caminando en perpendicular
sobre mis paralelos.
susurrado un murmullo a coro
de aquella que mal llaman paz.
emborrachando de acucioso deseo
suerte con la que coqueteo
como quien va buscando
en cuarenta noches
bajo la lluvia
un techo donde evocar el fuego.

galgo sin jinete

móntame en tu cresta,
sángrame la risa,
«quieta»
como cuando me sueltas
entre el cielo y el río.
oscilante, tentadoramente débil.

móntame,
soy paladeante marejada.
cabálgame sin barrera,
por meta, ese último golpe
que me deja deshecha
a ras de tierra.

como en techo de zinc

me llovías de a poco,
repiqueteaban tus cielos
a la orilla del río y en silencio.

me llovías en techo de zinc,
entre tablas rosadas, en piso de tierra,
llegando sin paraguas.
silencio de fango resbaladizo.

me llovías con viento,
convulso, telúrico,
punzante y abrazador.
desandándome el desierto.
torrencial, deseo copioso.

te hiciste aguacero, vendaval sin pausa.
irrigando mi raudal, a cántaros.
me hiciste tormenta.

me lloviste
donde nadie más
pudo cesar
tu ruido.

tropecé contigo

yo ni era flor que suspiraba libre
ni junco que se hundía en el viento,
cuando descubrí
que sabía más a sal el dolor que el miedo,
cuando me asaltó, por la rodilla derecha,
la vergüenza.

enajenados pasos bailaban en decadencia
suicidándose sobre la tierra.
alfombra roja sobre mis labios,
los mismo que habían buscado,
con calma y sin suerte,
otro lugar que no fuese el fango dónde dormir.
cuando ebria, mi risa buscaba eco en la tuya.
cuando tejí sobre tu muro, sin reservas y sin dudas,
confesiones y lamentos.

cuando vi,
que por más dulce que fuese mi lluvia,
por más fértil que fuese la tierra,
por más rocío que mordieran las nubes,
                    la misma voz que me sanaba,
                    sembraba más sal en mi dolor.

sentencia inapelable

me robaste el otoño,
a mano armada y sin intimidación.
las hojas que caen
no serán jamás las mismas,
aunque vuelvan a bañarme los pies.

te quedaste con la brisa
que no lograba cortar
ni mi risa ni tu eco.
me deshojaste los dedos,
preparaste mis manos
para hibernar en tu pecho,
me invitaste a creer
en la fe de los arces del camino,
que aún desnudos
enfrentan el desierto
sabiendo que el verde volverá.

los crujidos del trayecto
hasta tus besos,
el fuego colándose indeleble,
y tú
están condenados a cadena perpetua.

incansable

la belleza de mis heridas
me vive por dentro.

habita en el silencio que me habla,
en el ruido que me envuelve,
ese frío que pide abrazo,
ese calor que no necesita
más fuego que el mío
para arder.

en los tantos «hasta luego»
que van tejiendo la cadena
que me ancla a mis despedidas.

la belleza de mis cicatrices
acuna el nido que me da de comer.
le da sangre al río que me nada
y bebe de mí.
la belleza de mis heridas
me late,
        late,
            late;
cuando el sol me ve girar.

mi colección de miedos

encontré apiñados todos mis miedos.
unos llevaderos, otros incurables.
unos están de estreno, otros, ancestrales.
soterrados y a ras de piel.
miedo a la ira de Dios,
miedo al diablo, a la felicidad
y a los fantasmas que salen de día.

al tiempo si es perdido.
a los terremotos,
a hundirme en telas de araña,
al fin del mundo,
a las injusticias y a tu silencio.
a las drogas y al olvido en general,
a olvidarte, en lo específico.
a caer, a la locura y al amor.
al sufrimiento, a la ignorancia.
a los ratones y a ser distinta.
a las bombas y a subterráneos oscuros.
a las arañas, al rechazo, y a la soledad.
a los abrazos que me sobran.
a la muerte, al futuro,
y al cementerio de mis labios
esperando los tuyos para morir.
entre ellos encontré
mi armadura, mis alas
y las ganas de volar.

la nada que me queda

se me han vaciado todas nuestras conversaciones.
se derramó el eco de tus bromas,
mis hormonas y su lucha.
ni la daga de tu sinceridad
ni el jodido sarcasmo de tu consejo
me atormentan.
se han vestido de ritual las despedidas.
los «te quiero» se disfrazaron de una triste simpleza.
ha caído un «mi vida»
que se mantenía en pie sin muletas.

se filtró entre nosotros una sombra,
que se enfría cuando te acercas.
se posa en mi mano,
impotente yo, mientras me sube hasta el brazo.
temerosa yo,
cuando se posa en los labios y enmudece.

sigo buscando la imagen de antes,
no me canso de buscar:
ni en los gestos
ni en los silencios
ni el beso en el aire al partir.

sigo,
intento resucitar las alas de los ángeles.

esta vez no es una pesadilla.
no están
esas caricias que no había que engatusar,
o tu nombre en mis notificaciones,

ni la eterna llamada de dos minutos nada más.

ese itinerario
paralelo
de lo que somos
y de lo que no somos más.

agur

se quedaron mudas nuestras despedidas.
hoy mis palabras son escamas.
casé con el silencio mis razones.
perdí el camino del adiós, pero abandono
las soledades que he habitado a tientas.

dejé al sol todas mis lágrimas,
y su luz se durmió de dolor.

esa agua de fuego
que desalojaba de mi garganta.
todos los «quédate»,
los futuros «vuelve»,
los «estoy aquí» de siempre.

esa ánima volando sin mí.
la cruda de mi desconfianza.
las plumas de mis dedos sin cielo para volar.

yo, mintiéndome mientras
abrazo tu sombra
y le digo que todo va a estar bien.

guantes vacíos

perdí mis manos mientras dormía.
desperté y ya no pude llorar más.
se llevaron con ellas mis lágrimas
y la paz que me daba el lápiz
al drenarlas inundando el papel.

me quedé sin el anular izquierdo
y las arrugas de los años
que no puedo disimular.

cada uno de mis dedos ha volado.
ya no puedo gritar por señas:
¡manos a la obra!
¡a la tierra!
¡a las armas!
con tanta nube en contienda
con tanto armamento perdido.

perdí mis huellas.
perdí la mano amiga
y los mudras de mi paz.

perdí el camino a la página en blanco
y el cuchillo de las letras
en la piel de mis sentimientos.
me queman por dentro
todas las palabras que no dije más.

perdí la harina y la masa.

perdí las manos de mis hijos,
el rostro de mi madre
y todo tu cuerpo.

ya no habrá más palmas que leer
no tengo más líneas por escribir.

caja de resonancia

he encerrado entre líneas blancas
cada desacierto vestido de negro y de gala
que me rompe, que me eleva, que me parte.
esos que me han dejado
colgada del puente y en suspenso.

voluntariamente he tejido rectas entre las cuerdas
que me atan del taburete al blues de mi pasado.
martillando de rodillas,
rogando una octava de paz.
rogando a los arpegios de tus recuerdos,
su silencio.

ventanas de vida

ella tiene el vicio de contarse
historias de masacres,
su corazón resulta viudo en todas ellas.

ella se abraza a un pasado despierto
y se repite su moraleja a media luz.

ella sabe,
que deshacer los pasos es para valientes,
sin temerle al despoblado de la piel
ni a la grieta del sacrificio.

ella sabe surfear el llano del llanto,
y aún ahí, ponerse a reír.

ella, o sea, yo misma,
sabe que para saltar,
primero tiene que amar
su laberinto.

suerte de lluvia

me he vestido de llovizna para ti
¿por qué tienes miedo?
aunque parezca guerra
a punto de desatarse, no llego a torrencial.
amenaza de lluvia en tu domingo de parque,
tentación de un frío para dos,
una espada que tu sequía espanta; quizás.

soy el acierto de encontrarnos
en el momento equivocado,
y no saber si celebrarlo, si volver a bailarlo.
nube de versos
que espera bañarte los silencios,
si me dejas
engendrar de arcoíris tus barreras.

soy cada gota de certeza,
que cae como quien busca
empaparte entero,
aunque el paraguas esté abierto;
hacerte lodo las arcillas
hasta que me amases los pecados,
una estatua a tu medida.

el toldo de la esquina
el charco y la prisa,
los rugidos de un cielo
deshaciéndome
regando de fuego el camino
y tú
corriendo a acamparme dentro.

la tarvia está caliente

no me dejes
esperando en la acera,
la invitación a pasearnos
de los temores sus vericuetos.

no me niegues,
del cielo a mi pecho, su bajada.
no dejes que el surco del miedo en mi frente,
que el sendero de los años en mis manos,
ni el descanso que no encuentro
condenen el presagio de quimera
que me arrastra hasta tu sueño.

correr de tu mano el trayecto largo,
adoquinando obstáculos.
secar con arrebato los badenes.
poner,
con detalle sobre suelo,
las señales que te traen
hasta mi puerto.

me han llorado las viudas borrachas

me han latido
siete rosas con todas sus espinas.

me han palpitado selvas enteras,
bosques poblados de secretos
y llanuras imprevistas.

me han sangrado
las vidas de todos mis gatos,
aunque cayesen de pie
(y yo de envidia).

me han llorado las viudas borrachas.

y yo, deshilachada,
con las ganas marchitas,
lloví sobre las cicatrices de sueños olvidados,
hasta que mis ávidos latidos
volvieron a despertar.

mi corazón no me da tregua.
y yo nunca se la he pedido.

contigo

contigo llevo siempre los tacones en las manos,
se me corre el pintalabios
y tus arañas me deshacen el peinado.
contigo los paseos por el paraíso,
tus «vuélveme a abrazar».
mis «toma lo que tengo»,
los «sálvese quien pueda».

contigo, la historia que se escribe
en presente y sin miedo,
el canto de tus notas que me bailan los silencios.
contigo pido el superpoder de revivir
(porque volar ya vuelo)
para amanecer en tu sábado otra vez.

contigo
tejemos un jardín de liliputienses
con dos gigantes y un sauce.
contigo el *diez de copas*,
los amantes, el mundo y el carro.

contigo
las pesadillas que nos hicimos a mano
y cada sueño que nos cantamos.

un siempre juntos mientras quieras,
hasta que caigan las hojas de la vida.
un estoy lista si tú lo estás.

contigo el miedo que no tengo,
y contigo
el que te sobra.

no quiero despertar

amanecí con un paraíso entre los párpados y el pecho.
estabas tú
y ese volcán de rayos que me camina por dentro
cuando me caminas por dentro.
estaba yo, bebiendo tu aliento.

amanecí contigo entre las piernas
y tus pies bajo mis pies.
con tu cabeza en mi codo derecho.
y nuestra historia entre los dedos.
la parte de mí que vestía de seda y de ganas,
regaba tu ausencia de recuerdos.

amanecí como amanezco cuando me respira
por dentro un ejército de mariposas.
con la boca y el fuego, las palabras y la pasión,
concéntricos,
bañándome con la suma de todos tus colores.

amanecí con miedo y sed de ocasos.
amanecí con tu huella y mi esperanza.
amanecí con hambre y con sueños.
y, aún así, cualquiera diría que amanecí sin ti.

signos vitales

me palpitó la tierra en los pies.
en mi pecho,
un pálpito enredado en el canto
que marcó mis pasos.
otro, crujiendo en mi silencio.
arrítmica condena.
sístole en rebeldía.
pulso rehén,
estruendoso clamor.

me palpitaron las sospechas,
el arrebato por respuesta.
inminente y suicida,
me palpitaba la despedida.

desandando al crepúsculo

la noche en que hui
la luna caminó conmigo,
una sombra me vistió
cuando todas mis capas
quedaron al pie de tu cama.
todas mis oscuridades tenían sed.
las sobras de mis gemidos
se me arrastraban por dentro.
cada migaja de mi mirada
perdida
buscó refugio en el crepúsculo.
la noche cayó en vano.

no soy la mala

no soy mala. pregúntale a él.
no me arrepiento de sentir,
ni necesito que absuelvas
los pecados de mi piel.

si descubres la sombra de mis alas en su pecho,
recuerda que no sobrevolé ese cuerpo,
lo recorrí por dentro.

que mis labios no fueron miel, sino veneno.
que dejé mi estela y regué su tierra seca.
recuerda que arrugué la ropa que planchabas
y que cerré la puerta cuando quise no querer.

no me pida cuentas.
pero si quieres, puedo contarte
cómo su voz me cantó de madrugada,
cuánto me rogó que me quedara,
dónde...
cuándo...
por qué...
era él quien insistía cinco minutos más.
y otros cinco minutos cada vez.

si quieres te cuento
que cada vez que anochecíamos,
nunca amanecía para mí.

las paredes que nos protegían
se han quebrado,
por fin oyes el silencio en su mirar.
si quieres saber, pregúntale a él.

quizás te confiese
que mi recuerdo aún quema su asfalto,
que soy una palabra muda de nostalgia,
la sombra de una sombra ardiente
caminando de puntillas por su piel.

pregúntale, a ver si te confiesa,
que en su oscuridad se esconden mis estrellas.
que cuando huía
su ancla no me dejaba volar.

yo no soy la mala.

yo no soy la mala.
porque si lo fuera,
tú no estarías con él.

crisálida

en la cueva de mis mariposas
habita tu huella,
una que me siembra y me riega,
una que me inunda de alas
y rompe la pupa
en la que de ti me escondo.

alada

el vacío no se salta despierta.
ni sobria ni triste ni ajada.
se salta de bruces.
el abismo se cubre a gritos.

el vacío se sueña
bailando de puntillas
en el futuro de ayer.
el vacío no se salta,
se vuela.

jaque

me puse salvo en tus raíces
di pasos a ciegas hasta tu sombra,
ni frío ni viento me asustó.
la amenaza de lluvia
me dejó helada
buscando calor en tus ramas.
lo peor fue eso,
ponerme a salvo,
donde el frío de la guerra ardía.

en mi defensa

nunca me gustaron las flechas.
las tuyas, en particular.
saetas plomadas, precisas.
siempre supe de mi miedo a los arcos,
y que todas mis palabras te esperaban.
sorpresa y muerte.
destino por elección.
ver, desear, volar, matar.
siempre pensé que eras ciego.
nunca quise que fallaras,
aún no quiero.

secreto azul

Pacífico esperaba nuestra cita,
tanto como yo.
me dejó en su irremediable devenir
un secreto
que Caribe con las prisas del verano olvidó.
me contó
(pero que quede entre tú y yo)
que el midas que ama su orilla,
ama también la mía.

latidos emergentes

me está rompiendo el asfalto
una palabra vestida de trébol.
sembrada a la sombra
me brota inclemente.
como quien sabe
que su suerte y su vida,
que es la mía,
dependen de los versos
que me germinan dentro.

cosmos vacío

el universo de tu ausencia
está lleno de villanos,
archipiélago de monstruos
donde me escapo a charlar.
indescriptible
secuencia de escenas.
planetas en sí mismos.
hoyos negros hundidos,
y yo anunciando deseos
montada en el destello inútil,
de una estrella fugaz.

rómpeme

deshazme el yerto en la piel,
el camino de niebla,
el cuerpo en fuego
y la espuma en los pies.
tráeme, si puedes,
de golpe hasta la sed.
refréscame si sabes
el brillo de las gaviotas,
y su miedo al huir.

querer nunca está de más

quiero una luna
que nos salga a la medida.
pagana y perversa.
que sea la de siempre.
que sea la de nunca.
una que no salga a su antojo,
una que no me suba la marea
hasta los ojos.
que inunde de aullidos mis ganas.
llene de carbón los besos
e ilumine mi orbita
hasta que encuentres el camino.
compongamos una luna
a la medida del pedazo de noche
en el que me gravitan
todas tus ausencias.

pasos taimados

fue rompiendo algodones
con la punta de sus mil dedos.
borrando rastros blancos,
quebrando azules en picada.
oliendo el pánico en grises amenazas.
soñando perseguir los arcoíris,
temiendo renegar de la manada.

fue, fue y fue,
hasta que de tanto ir se le cansaron
el vacío que ya no lograba romper su risa,
la cueva que perdió sus ramas
y las lágrimas de ella,
que cuando quiso anidarse,
la empujaron a volar.

viaducto de silencios

las palabras
me escogieron como puente,
esperaban nerviosas
a la sombra de mis silencios.
se vistieron de recuerdos
dándole tiempo al tiempo,
arañando, rompiendo.
rasgando.
habitaron mis desiertos,
e irrumpieron mis insomnios.
han resistido entre mis grietas.
han sostenido mis verdades,
han esperado de puntillas,
su turno para volar.

hay una niña inmensa dentro de mí

hay una niña inmensa dentro de mí
que no le teme al lodo
que ama la luvia y la deslumbra el viento.
se asombra cuando un rayo de sol
deja la magia al descubierto
y le bailan por dentro los colores.
una niña que no le huye al silencio,
que le gustan sus pasos saborear.
celebrar el paraíso de sus pecados.
que se raspa las rodillas
(y aunque duele) vuelve a saltar.

hay un espacio dentro de mí
que solo sabe de escarchas y de globos,
que no sabe de sarcasmos, ni de ironías.
que no huye de los fantasmas si le brindan un trago
y abraza sus monstruos y los ajenos.

una niña, que en la forma de las hojas
palpa los secretos de la tierra.
que en la forma de las nubes, descifra los del cielo.

una de muñecos de nieve,
castillos de arena y pulsos de pulgar.
de carruseles de besos y circos en tacón.
una que se chupa los dedos,
que con esfuerzo cuenta hasta cien.
que prefiere las nanas para el alma.
y pastel de chocolate para el mal de amor.

hay una niña inmensa

que dice te quiero y abraza.
que arrulla en silencio
y se viste de gala cuando la vida
la llama
            con tu voz.

árbol de la vida

he sido mujer y cueva,
salvia y sangre.
se me han podrido dentro
las sombras de mis ausencias.
mis lágrimas han roto en cristales
intentando besar los manantiales
donde está sembrada la vida.

he buscado bajo una sombra majestuosa y sagrada,
reposo.
busqué en el vientre de la tierra la miel de la Torá
madurada a base de calor y sol, como yo,
esperé el otoño para endulzar el camino.
quise sembrar las huellas exhaustas de buscar.
arrastrada en la orilla del desierto
puse mis semillas a dormir,
deshice mis dátiles de sal en la tierra,
me parí.

Esta primera edición de *Dátiles de tierra y sal*, de
Ángela Suazo, fue impresa en los talleres gráficos
de Editora Búho, en septiembre de 2022.
Santo Domingo, República Dominicana.

Índice